Mohandas Gandhi

T0136574

Dona y William Rice

Asesor

Timothy Rasinski, Ph.D.
Kent State University

Créditos

Dona Herweck Rice, *Gerente de redacción*

Robin Erickson, *Directora de diseño y producción*

Lee Aucoin, *Directora creativa*

Conni Medina, M.A.Ed., *Directora editorial*

Stephanie Reid, *Editora de fotos*

Rachelle Cracchiolo, M.S.Ed., *Editora comercial*

Créditos de las imágenes
Cover Photolibrary; p.3 Rafal Cichawa/Shutterstock; p.5 Donna Berger; p.6 Donna Berger; p.7 jorisvo/Shutterstock; p.8 David Snyder/BigStock; p.9 Donna Berger; p.10 Donna Berger; p.11 eremyRichards/Shutterstock; p.12 Dinodia; p.13 left to right: Hulton Archive/Getty Images; akg-images/Archiv Peter Ruehe/Newscom; p.14 Icefields/Dreamstime; p.15 Topical Press Agency/Getty Images; p.17 Donna Berger; p.18 Hulton Archive/Getty Images; p.19 k09/ZUMA Press/Newcom; p.21 top to bottom: picture-alliance/DPA/Newscom, Corbis; p.22 Hulton-Deutsch Collection/Corbis; p.23 Associated Press; p.24 English!Info; p.25 Keystone/Getty Images; p.26 Time & Life Pictures/Getty Image; p.27 Hulton Archive/Getty Images; p.28 akg-images/Archiv Peter Ruehe/Newscom; p.32 Chatchawan/Shutterstock; background: Regien Paassen/Shutterstock; Belinka/Shutterstock; Rafal Cichawa/Shutterstock; sootra/Shutterstock; back cover: akg-images/Archiv Peter Ruehe/Newscom

Basado en los escritos de *TIME For Kids*.

TIME For Kids y el logotipo de *TIME For Kids* son marcas registradas de TIME Inc. Usado bajo licencia.

Teacher Created Materials

5301 Oceanus Drive
Huntington Beach, CA 92649-1030
http://www.tcmpub.com
ISBN 978-1-4333-4491-6
© 2012 Teacher Created Materials, Inc.
Printed in Malaysia. Thumbprints.42806

Tabla de contenido

Un hijo de la India

En la costa occidental de la India, junto al mar Arábigo, hay un pequeño poblado llamado Porbandar. El 2 de octubre de 1869 nació allí un niño llamado Mohandas Gandhi.

AFGANISTÁN

CHINA

PAKISTÁN

Porbandar

INDIA

MAR ARÁBIGO

BAHÍA DE BENGALA

Los padres de Mohandas lo influyeron durante toda su vida.

El segundo nombre de Mohandas era Karamchand en honor a su padre. Su madre se llamaba Putlibai.

La familia de Mohandas era buena y **honorable**. Vivían una vida estricta conforme a las tradiciones **hindúes**. El padre y el abuelo de Mohandas trabajaban como **dewan**, o asesores del gobierno, en Porbandar. Esto ayudó a Mohandas a entender la importancia del gobierno. Su madre era bondadosa y **devota**, lo que ayudó a moldear la forma en que Mohandas veía el mundo.

Templo hindú de Shivá, en Chennai, India

¿Qué es el hinduismo?

El hinduismo es una religión que enseña que todos los seres vivos están relacionados. Establece que todos deben tratar a los demás seres vivos con respeto y amor. El hinduismo es una de las principales religiones en la India.

Los años escolares

Mohandas estudió en la escuela primaria de Porbandar. Le costaba mucho trabajo aprender. Aunque era amable y cortés y se esforzaba, lo consideraban un mal estudiante.

Cuando Mohandas tenía siete años de edad, se mudó con su familia a otra ciudad. Allí, su padre también se convirtió en dewan. Los problemas escolares de Mohandas continuaron. Era muy tímido, y esto hacía que las cosas fueran aún más difíciles. Sin embargo, Mohandas seguía esforzándose.

Grandeza futura

Mohandas no se destacó en sus años escolares y es probable que nadie haya sospechado que un día se convertiría en un gran líder. Sin embargo, en la escuela sucedió una cosa que demostraba el tipo de hombre que sería. Un inspector llegó a la escuela para ver lo que los niños habían aprendido. Les entregó un examen de escritura. Mohandas escribió mal una palabra. Su maestro le hizo señas para que copiara la palabra del estudiante sentado junto a él, de manera que el inspector no notara el error. Pero Mohandas no quiso hacerlo. Sabía que no era una acción honorable.

Mohandas dijo, "El propósito de la educación es desarrollar lo mejor que hay en uno".

Mohandas desafiaba a sus padres al jugar con su amigo "intocable".

A Mohandas no le gustaba ver a alguien sufrir. El **sistema de castas** de la India lo perturbaba particularmente. Según el sistema de castas, las personas nacen en distintas **clases** sociales y deben permanecer en ellas toda su vida. Una persona de una clase no debe relacionarse en absoluto con alguien de una clase inferior.

La familia de Mohandas era de clase media. Sin embargo, Mohandas tenía un amigo de una clase más baja, conocida como los "intocables". Los hindúes creían que cualquier contacto con un intocable les contaminaría el alma. La madre de Mohandas le prohibió jugar con su amigo. Mohandas no quería desobedecer a su madre, pero sabía que no era correcto **rechazar** a su amigo. Jugaba con él en secreto y se prometió que algún día lucharía para lograr la igualdad de toda la gente de la India.

Los intocables

A Mohandas le atormentaba el sistema de castas. Dijo que la condición de intocable es un crimen contra Dios y la humanidad. La gente intocable muchas veces era forzada a trabajar en condiciones peligrosas con basura y otros desechos.

Aunque Mohandas era una buena persona, no siempre tomó las mejores decisiones cuando era joven. Durante un tiempo, hizo amistad con jóvenes que con frecuencia se metían en problemas. Con ellos fumó, robó y comió carne, cosas que estaban prohibidas por su religión.

Mohandas se sintió muy arrepentido por todo lo que había hecho. Decidió contarle todo a su padre, pedirle disculpas y pedirle que lo castigara. Incluso le pidió que no se culpara a sí mismo por ser el padre de un joven que hacía tales cosas.

El padre de Mohandas le entregó todo su amor y perdón. Más tarde, Mohandas afirmaría que el perdón de su padre marcó una gran diferencia en su vida.

el padre de Mohandas

Construyendo un vínculo

El incidente en el que Mohandas pidió el perdón de su padre fue importante de varias maneras. Le ayudó a Mohandas a convertirse en la mejor persona que podía ser. Mohandas también dijo que la sinceridad de su confesión y arrepentimiento por lo que había hecho hicieron que aumentara el afecto de su padre por él y fortaleció la relación entre ambos.

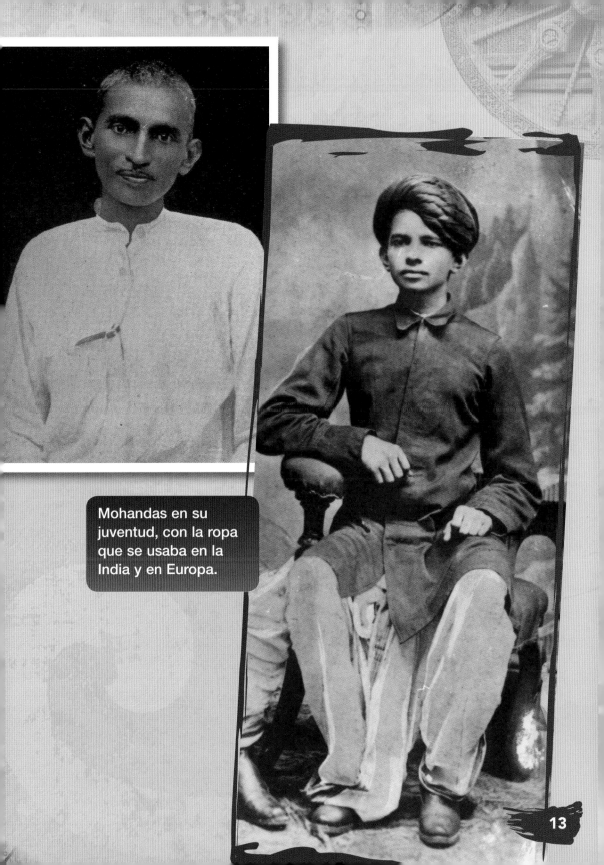

Mohandas en su juventud, con la ropa que se usaba en la India y en Europa.

Matrimonio

Cuando Mohandas tenía tan sólo trece años, se casó con una niña de trece años, llamada Kasturbai. En la India existía la costumbre de que la gente se casara muy joven. Años después, Mohandas escribió que, por sus edades, la boda no fue más que usar ropa nueva, comer dulces y jugar con sus primos. Pasó tiempo antes de que su matrimonio fuera como el de los adultos.

Igualdad de los hombres y las mujeres

Al principio, Mohandas creía que él era superior a Kasturbai y que era su deber educarla. Intentó controlarla, pero después se avergonzó de cómo la había tratado. Con el paso del tiempo, entendió que él había aprendido mucho del amor y de la paciencia de su esposa. Aprendió también que los hombres y las mujeres realmente son iguales. A lo largo de su vida, Mohandas se destacó por su respeto y sus sentimientos de ternura hacia las mujeres.

Mohandas y Kasturbai, a quien él llamaba Ba, disfrutaron de más de sesenta años de matrimonio. Tuvieron cuatro hijos.

Una colonia británica

En la época en que nació Mohandas, Gran Bretaña gobernaba la India. Esto significaba que los indios, como su padre y su abuelo, podían dar consejos, pero los gobernantes británicos hacían las reglas. Los británicos recibían un trato especial y los indios tenían que pagar **impuestos** a Gran Bretaña.

Mohandas siempre pensó que esta situación era injusta. En 1885, falleció el padre de Mohandas. Mohandas decidió que seguiría la profesión de su padre. Así, tal vez, podría lograr cambios.

Como primer paso, Mohandas decidió convertirse en abogado. Para ello, tendría que ir a Inglaterra a estudiar. El 4 de septiembre de 1888, se embarcó para Inglaterra.

INGLATERRA

INDIA

Las personas de la casta de Mohandas pensaban que se contaminaría al cruzar el océano. Lo expulsaron de su casta y le dieron la espalda cuando decidió embarcarse.

Un hombre joven

Cuando Mohandas zarpó hacia Inglaterra, tenía tan sólo dieciocho años y acababa de nacer su primer hijo. Dejó a su esposa y a su hijo en la India, con el resto de su familia, para poder estudiar.

El primer hijo de Mohandas nació en 1888, apenas unos meses antes de que viajara a Inglaterra para estudiar leyes.

La vida en Inglaterra

Cuando Mohandas llegó a Inglaterra, hizo un gran esfuerzo por adaptarse. Compró ropa inglesa y tomó clases de dicción. Comió comida inglesa, pero le resultó insípida. Incluso tomó clases de baile de salón.

Durante mucho tiempo, Mohandas trató de transformarse en un caballero inglés. Era una labor ardua y no se sentía feliz. Sin embargo, se dio cuenta de algo muy importante. No importaba lo que otros pensaran de él. Lo importante era lo que él pensaba de sí mismo. En cuanto Mohandas se dio cuenta de esto, dejó de intentar ser algo que no era.

Vegetarianismo

Mohandas era **vegetariano**. Ser vegetariano significa no comer carne. Durante un tiempo en Inglaterra, Mohandas tuvo que comer carne para sobrevivir. Ningún lugar servía comida sin carne. Mohandas tardó mucho en encontrar un lugar donde servían comida vegetariana.

Después de varios años de estudio, Mohandas se convirtió en abogado en 1891 y regresó a la India.

De vuelta en su país, Mohandas ejerció leyes durante dos años. Luego, una empresa que quería su ayuda en un **litigio** en Sudáfrica se puso en contacto con él. Mohandas decidió ir.

Noticias tristes

Desafortunadamente, cuando regresó a la India, Mohandas se enteró del fallecimiento de su madre. Nadie le había dicho porque no querían que su vida en Inglaterra fuera más difícil de lo que ya era.

La vida en Sudáfrica

Mohandas dejó a su familia y se embarcó hacia Sudáfrica, pensando que estaría allí poco tiempo. Al llegar, fue testigo de la terrible injusticia contra las personas de piel oscura. Por ejemplo, en algunas regiones existían leyes que prohibían a la gente como Mohandas votar, caminar sobre la banqueta o poseer tierras. Mohandas comenzó a organizar a los indios en Sudáfrica. Les enseñó a unir sus fuerzas para cambiar las leyes.

Mohandas regresó a la India al cabo de tres años. Les dijo a los sudafricanos que volvería si necesitaban su ayuda. Tan sólo seis meses después, le pidieron que volviera, e hizo el viaje con su familia. Allí, siguió apoyando y dirigiendo a la gente durante casi veinte años.

De primera mano

El propio Mohandas fue víctima del prejuicio apenas una semana después de su llegada a Sudáfrica. Tenía un boleto de primera clase para el tren, pero una pasajera blanca se oponía a que Mohandas viajara en el mismo vagón que ella. Los oficiales del tren le dijeron a Mohandas que debía viajar en tercera clase. Él se rehusó. En la siguiente parada, los oficiales lo bajaron del tren y se quedaron con su equipaje. Toda la noche estuvo sentado en la gélida estación del tren, pensando qué hacer. ¿Debía volver a la India? Decidió que eso sería un acto de cobardía. Lo correcto era terminar el trabajo para el que lo habían contratado. Al día siguiente, subió a otro tren y continuó con su labor.

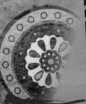

Casi muerto

Cuando regresó a Sudáfrica, una turba de hombres blancos enfurecidos intentó golpear a Mohandas. No les gustaban los cambios que estaba haciendo en su país. Una valiente mujer inglesa impidió que lo mataran. Más tarde, los líderes del gobierno quisieron encarcelar a la turba, pero Mohandas se rehusó a presentar cargos. Lo que él quería era detener el círculo vicioso del odio.

KAARTJIES SLEGS BLANKES
TICKETS EUROPEANS ONLY

KAARTJIES NIE BLANKES.
TICKETS NON-EUROPEANS

El liderazgo de Mohandas ayudó a mejorar la vida de los sudafricanos, como estos mineros de principios del siglo XX.

En Sudáfrica, Mohandas comenzó a cambiar su forma de vida. Se deshizo de muchas de sus pertenencias. Usaba sólo lo que necesitaba y llevaba una vida muy sencilla. Él mismo lavaba su ropa y se cortaba el cabello. Su vida estaba dedicada al servicio.

El 11 de septiembre de 1906, Mohandas presentó un discurso en una gran reunión. Habló sobre *satyagraha*, una palabra hindi que significa **resistencia sin violencia**, o resistencia pacífica. Quería que la gente se uniera a él en la resistencia sin violencia a las leyes injustas. Fue esta resistencia sin violencia lo que hizo famoso a Gandhi en todo el mundo y le ayudó a hacer realidad los cambios que deseaba.

Mohandas fue encarcelado varias veces por su labor. Sin embargo, en 1914 varias de las peores leyes cambiaron. ¡Mohandas había guiado al pueblo a la victoria!

Ayuno

Un *ayuno* es un largo período en el que una persona no come. Mohandas ayunaba para que otras personas se fijaran en su causa. Ayunó catorce veces durante su vida.

Gran alma

En 1915, Mohandas y su familia volvieron por fin a la India. Mohandas comenzó a construir un centro para que la gente aprendiera su estilo de vida y sirviera a sus comunidades. También reunió apoyo para la satyagraha.

Los habitantes de la India aún estaban bajo el mando británico. Muchas de las leyes británicas eran injustas para los indios. Mohandas enseñó la satyagraha para que la gente cambiara lo que no era justo. Trabajaron juntos en varias causas. En 1919, las nuevas leyes despojaron de más libertades a la gente de toda la India. Cuando Mohandas, ahora llamado **Mahatma**, comenzó a trabajar en contra de estas leyes, atrajo la atención de todos en la India y en gran parte del mundo. La gente de la India ahora luchaba por la independencia de su país.

Mahatma

Mahatma es una palabra hindi que significa "gran alma". Cuando Mohandas vivía en Sudáfrica, la gente comenzó a llamarle Mahatma, como reconocimiento de su vida de honor, servicio, humildad y liderazgo.

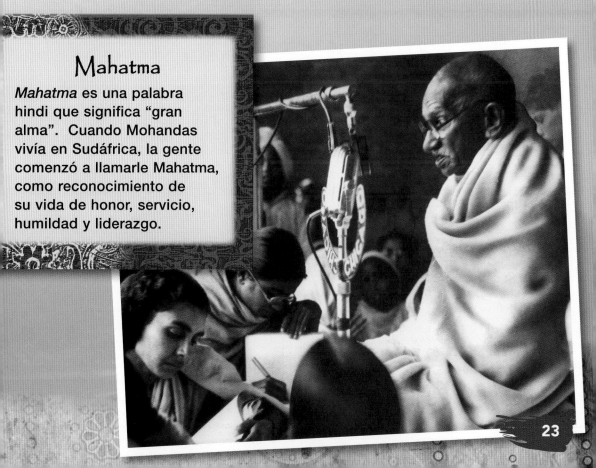

Durante los años que Mohandas estuvo en la India hubo varios acontecimientos importantes. Uno de los más memorables fue la Marcha de la Sal, en 1930. Gran Bretaña cobraba un impuesto a los indios por la sal, y sólo los británicos tenían autorización para producirla. Mohandas guió a un gran número de personas en una marcha de 165 millas hasta el mar Arábigo. Allí, produjeron sal mediante la **evaporación** del agua de mar.

Mohandas continuó con su trabajo, a pesar de que fue encarcelado y amenazado con frecuencia. Por fin, en 1947, logró demostrar el poder de la satyagraha. Después de 200 años de dominio británico, ¡la India era un país libre e independiente!

Sin violencia

Esto es lo que dijo Mohandas acerca de la resistencia sin violencia: "La ausencia de violencia no significa hacer las paces. Por el contrario, significa luchar con valor y sinceridad por la verdad y la justicia… Satyagraha se basa en el principio de lograr que el supuesto enemigo vea y comprenda la injusticia de la que es parte".

Mohandas lideró marchas para protestar las leyes injustas.

Lo más importante

En una conversación reciente con Arun Gandhi, nieto de Mohandas, los autores de este libro le preguntaron qué era lo más importante que debían incluir en el libro. Éste respondió que era importante que los niños conocieran la manera en que su abuelo controlaba la ira. Cuando una injusticia enfurecía a Mohandas, él utilizaba ese sentimiento de enojo como fuente de energía para realizar cambios. No se permitía hacer cosas tontas como consecuencia de la ira. Esto, asegura el nieto de Mohandas, es algo muy importante que todos deben aprender y poner en práctica.

Por sus actividades, Mohandas tenía muchos seguidores. Pero también tenía enemigos que se oponían a su amor por toda la gente. El 30 de enero de 1948, Mohandas dirigía una reunión de oración. Un hombre hindú que aún creía en el sistema de castas, enfurecido, disparó contra Mohandas y lo asesinó.

En todo el mundo se lamentó su muerte. Nadie podía creer que un líder tan grandioso, que había vivido de manera tan pacífica, hubiera muerto con tanta violencia.

Mohandas fue inspirado por muchos libros y artículos que leyó.

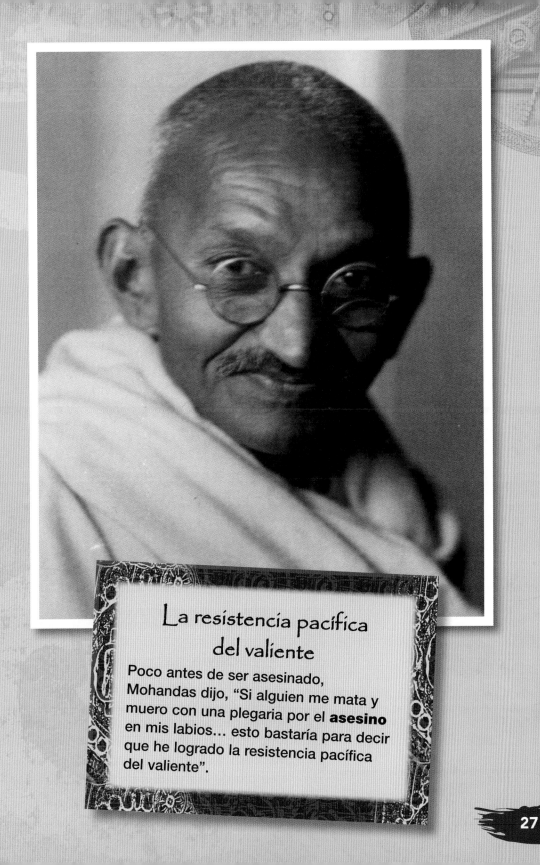

La resistencia pacífica del valiente

Poco antes de ser asesinado, Mohandas dijo, "Si alguien me mata y muero con una plegaria por el **asesino** en mis labios… esto bastaría para decir que he logrado la resistencia pacífica del valiente".

"Mi vida es mi mensaje". Esto es lo que Mohandas Gandhi dijo. Él creía que todo lo que hacía podía marcar la diferencia, y quería cambiar las cosas para que fueran mejores. En la India y en todo el mundo, millones de personas piensan que Mohandas logró su propósito.

Todavía hace una diferencia

El satyagraha practicado por Mohandas Gandhi ha sido copiado por otros grandes líderes desde su tiempo. El Dr. Martin Luther King Jr. de los Estados Unidos y Nelson Mandela de Sudáfrica ambos siguieron el ejemplo de Mahandas de traer la igualdad a todas las personas de sus países.

Cronología

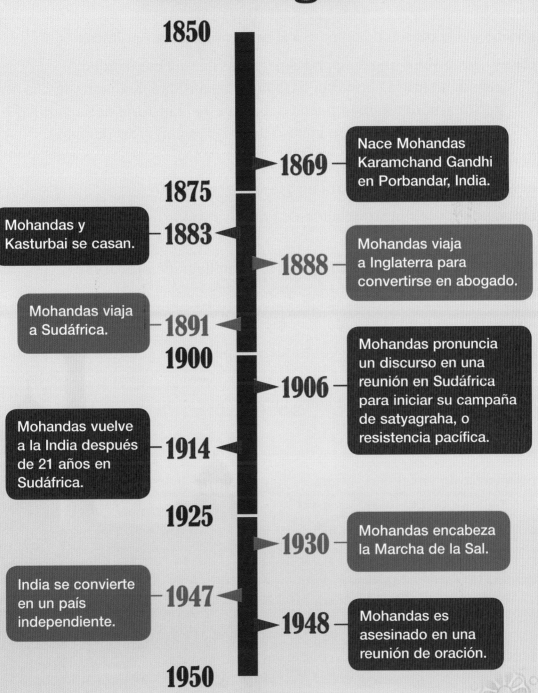

1850

1869 — Nace Mohandas Karamchand Gandhi en Porbandar, India.

1875

Mohandas y Kasturbai se casan. — **1883**

1888 — Mohandas viaja a Inglaterra para convertirse en abogado.

Mohandas viaja a Sudáfrica. — **1891**

1900

1906 — Mohandas pronuncia un discurso en una reunión en Sudáfrica para iniciar su campaña de satyagraha, o resistencia pacífica.

Mohandas vuelve a la India después de 21 años en Sudáfrica. — **1914**

1925

1930 — Mohandas encabeza la Marcha de la Sal.

India se convierte en un país independiente. — **1947**

1948 — Mohandas es asesinado en una reunión de oración.

1950

Glosario

asesino—una persona que mata a alguien por razones políticas

clases—los niveles que ocupan las personas en una comunidad; generalmente la clase está basada en la cantidad de dinero de una persona, pero también puede depender de la historia de su familia, de dónde y cómo vive, o incluso de sus características personales

devoto—muy religioso

dewan—el nombre hindi para un asesor del gobierno

evaporación—la transformación de líquido a vapor mediante calor, usualmente por el sol

hindú—una persona que practica la religión llamada hinduismo

honorable—sincero, que vive con honestidad, integridad y moral

impuestos—el dinero pagado al gobierno

litigio—una acción legal en contra de una persona o empresa, usualmente por dinero

Mahatma—el título que se le da a un gran líder espiritual; significa "gran alma" en el idioma hindi

rechazar—evitar o ignorar

resistencia sin violencia—no hacer lo que dicen las leyes, pero de manera pacífica con el fin de mejorar las cosas

satyagraha—una palabra hindi cuya mejor traducción es "resistencia no violenta"

sistema de castas—un sistema que era común en la India, en el cual las personas nacen en distintas clases sociales y permanecen en ellas toda su vida, sin posibilidad de ascender a una clase superior

vegetariano—alguien que no come carne

Índice

Acerca de los autores

Dona Herweck Rice creció en Anaheim, California, y se graduó de la Universidad de California del Sur con un título en inglés y de la Universidad de California en Berkeley con una credencial para la enseñanza. Ha sido maestra desde el preescolar hasta el décimo grado, investigadora, bibliotecaria, directora de teatro, y ahora es editora, poeta, escritora de materiales para maestros y escritora de libros para niños. Es casada, tiene dos hijos y vive en el sur de California.

William Rice creció en Pomona, California, y se graduó de la Universidad Estatal de Idaho con un título en geología. Trabaja en un organismo estatal de California que se esfuerza por proteger la calidad de los recursos de agua superficiales y bajo tierra. Para William es importante proteger y preservar el medio ambiente. Es casado, tiene dos hijos y vive en el sur de California.

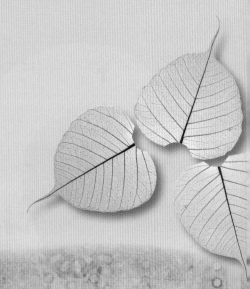